AF562863

LAMARTINE

DEVANT L'OPINION

PARIS

CHEZ TOUS LES LIBRAIRES

ET A L'IMPRIMERIE ROUGE FRÈRES ET COMPAGNIE

RUE DU FOUR SAINT-GERMAIN, 43

1867

PARIS. — TYP. DE ROUGE FRÈRES, DUNON ET FRESNÉ
rue du Four-Saint-Germain, 43

LAMARTINE

DEVANT L'OPINION

L'opinion publique se préoccupe de l'attitude qui sera prise par le Corps Législatif au sujet du projet de loi tendant à offrir à M. de Lamartine un subside au nom de l'État et à titre de récompense nationale.

On ne saurait se dissimuler, en effet, la gravité de la décision à intervenir, et il n'échappe à personne que ce n'est pas l'honneur d'un citoyen seulement, mais aussi celui du pays tout entier, qui vont se trouver engagés dans le débat.

Les nations sont régies par les mêmes lois morales que les individus; et l'ingratitude est un opprobre pour les unes comme pour les autres.

Avant donc que les représentants de la France prononcent, il importe à quiconque représente une voix française de chercher à se faire entendre et de dire en descendant au fond de son âme d'honnête homme et de citoyen, ce qu'il croit être la justice et la vérité.

Tour à tour poète, historien, homme politique, arbitre un instant des destinées de sa patrie, M. de Lamartine a été beaucoup loué, beaucoup blâmé, — très-peu jugé.

En somme, M. de Lamartine est très-peu connu.

L'autre jour, un journal du grand format l'appelait : « l'auteur des *Messéniennes.* »

Le même journal appellerait, sans doute, Casimir Delavigne : l'auteur des *Méditations.*

L'ignorance ne discute pas, elle prononce !

Elle accepte les jugements tout faits, sans leur infliger le moindre contrôle, par caprice, par simple hasard, pour se conformer à telle attitude donnée, par une espèce de mode souvent, — et toujours par bêtise.

Depuis que l'ancien membre du Gouvernement provisoire est rentré dans l'obscurité, il est de mode dans les journaux de le dénigrer avec acharnement.

Toute occasion qui se produit de le faire est saisie avec empressement.

Il n'est pas de débutant journaliste, pas de scribe de bas étage qui ne cherche à se signaler par l'ardeur de ses flanconades.

Un pareil spectacle fait songer au *Lion mourant.*

Certes, s'il est certaines atteintes qu'on ne peut recevoir sans « souffrir deux fois, » M. de Lamartine a dû beaucoup souffrir.

A ces coups de pied qui eussent voulu être des coups de plume, le poète a toujours opposé le silence le plus absolu.

Il doit, — je me plais à l'imaginer, — y avoir des cas où le silence constitue la plus profonde comme la plus mystérieuse des jouissances.

Cette impopularité de M. de Lamartine est si énorme et si grandiose, qu'en vérité elle créerait à elle seule pour tout homme qui en jouirait une sorte de piédestal et comme une gloire particulièrement imposante et désirable.

Elle ne s'explique que trop d'ailleurs, pour peu qu'on veuille bien y réfléchir.

En littérature comme en politique, M. de Lamartine est du nombre des vaincus.

On sait à quelles inspirations malsaines obéissent la plupart de nos écrivains actuels. Lamartine, lui, célèbre sans relâche Dieu et l'idéal.

Au lieu de ravaler l'âme il l'exalte. Ses œuvres sont un perpétuel *sursum corda.*

En politique, le désacord est encore plus complet, j'en ai peur... Après avoir vécu comme ceux de sa génération dans une époque où partout se faisait sentir la libre palpitation de la vie, comment ne paraître pas déplacé en un temps où la conscience de la France est en proie à une léthargie si profonde qu'on la croirait morte?

Sans doute ne cherchons-nous à ternir la gloire rayonnante de Lamartine, que parce qu'elle est pour nous comme une honte et comme un remords.

Mais qu'importent devant l'avenir ces éclipses momentanées? Cette gloire est de celles qui surnagent parce qu'elle est pure, et parce qu'elle tend tout naturellement vers les hauteurs.

Il est impossible qu'une nation se déjuge du tout au tout. La France, qui acclama Lamartine en 1848 et qui le proclama son libérateur, sera fière de lui dans l'avenir.

Nous ne prétendons pas d'ailleurs qu'il n'ait commis aucune faute.

Qui n'en commet pas?

Mais ce qui est sûr, c'est que ces fautes furent les erreurs d'un esprit droit, tout dévoué au bien, et jamais le résultat d'une ambition égoïste, d'un cœur malhonnête.

Sa vie répond victorieusement à toute imputation contraire.

Lisez-la, fouillez-la, interrogez-la. Elle est écrite pour tous, sans aucune prévention possible, avec la fidélité du procès-verbal, dans les comptes rendus de nos débats parlementaires depuis le jour où il fut nommé député de Dunkerque, jusqu'au jour où il dut se retirer de l'arêne politique.

Lisez-la aussi dans les *Méditations*, dans les *Harmonies ;* vous quitterez cette lecture tout pénétré des émotions les plus salutaires, les plus vivifiantes, et vous vous persuaderez que celui-là fut digne de tous les respects, qui produisit de tels chefs-d'œuvre.

Ces documents irréfutables, nous allons les faire passer sous les yeux des lecteurs. Ce sera à eux-mêmes de décider. En face des attaques sans nombre qui ont assailli le poète, il n'y a qu'une réponse péremptoire : les faits.

Il serait chimérique à nous, de nous constituer défenseurs de M. de Lamartine, qui ne peut, sans déchoir, devenir le client de personue. Nous n'argumentons pas, nous racontons.

Ses œuvres sont là. Les sophismes et les calomnies ne sauraient prévaloir contre elles.

Elles suffiront, espérons-nous, pour déterminer en sa faveur tous les gens de bien dans le grand procès qui va s'agiter.

Nous ne venons faire appel ni à la pitié qu'inspire une grande infortune, ni aux passions politiques qui aveuglent le jugement.

Nous nous adressons strictement à la mémoire et à la raison des hommes de bonne foi.

I

LAMARTINE POÈTE

Il est impossible de se rendre compte de l'influence exercée par Lamartine sur son siècle sans examiner et sans définir d'abord ce qu'il fut comme poète.

Qu'on se rappelle le cri de surprise et d'admiration qui accueillit en 1820 les premiers vers publiés par lui chez le modeste libraire Nicolle. L'impression produite fut immense ! Non-seulement les *Méditations* révélaient une forme poétique encore inouïe, mais elles créaient tout un univers de sentiments qui étaient demeurés inexplorés jusqu'alors.

Ce fut comme si un soleil nouveau se fût levé dans le ciel.

L'auteur de la *Galerie populaire des contemporains illustres* a parfaitement exprimé quel était à cette époque l'état de la poésie dans le monde.

« Si vous jetez les yeux, dit-il, sur les dernières années du dix-huitième siècle en France, au milieu de cette phalange glorieuse d'orateurs fougueux et éloquents, de savants de premier ordre, d'intrépides soldats qui font cortége au siècle expirant, vous chercherez vainement de vrais poëtes ; à part André Chénier, dont le bourreau coupe si brusquement la voix, vous n'en trouverez pas un seul.

Et pourtant quelle époque fut jamais plus luxuriante de poésie dans le *genre beau* et dans le *genre laid* ! A l'intérieur, quelle inépuisable source de drames sanglants et échevelés! un trône, le plus brillant du monde qui disparaît comme frappé de la foudre ; une nation entière soulevée, mugissante et terrible, qui fait table rase des institutions de dix siècles ; l'ancien monde qui se débat dans les angoisses d'une convulsive agonie; et puis à l'extérieur, que de grands poëmes épiques! Moreau, qui transforme en héros des paysans déguenillés; Pichegru, qui prend des flottes au pas de charge, et Bonaparte, qui recommence Annibal, moins Capoue!

Étourdie de tout ce fracas d'armes, de chevaux, de canons, de nations qui se ruent sur les nations, d'édifices qui croulent sous la sape des démolisseurs; enveloppée d'une vapeur de sang qui s'élève du sol et l'étouffe, la poésie est muette, parce qu'il faut à la poésie de l'air, du recueillement et du silence, parce que la poésie est bien moins le reflet du présent que l'évocation du passé ou la divination de l'avenir, parce que la poésie n'est pas le tocsin qui sonne pendant l'orage, mais bien plutôt la mouette aux cris plaintifs qui l'annonce ou l'arc-en-ciel qui le suit!

Le premier né et le plus grand des poëtes de notre âge, Chateaubriand, obscur et ignoré, caché dans un faubourg de Londres, écrit son *Essai sur les révolutions* au bruit de la plus terrible de toutes; et Mme de Staël, cygne voyageur chassé par la tempête loin des plages natales, s'en va cherchant partout quelque abri solitaire où elle puisse enfanter *Corinne*.

Les nations étrangères elles-mêmes, comme frappées de stupeur, laissent inachevée la part de sillon qui leur est imposée dans le champ de l'intelligence, pour venir contempler d'un œil d'effroi ce torrent qui roule, entraînant dans ses ondes écumeuses tous les débris du passé. Alfieri, ce vieux Romain de l'Italie dégénérée, fait bien entendre encore par intervalles sa forte voix; mais cette voix meurt isolée, sans écho. Walter Scott, enfant, joue insoucieux dans les bruyères de l'Écosse, et Byron au berceau, tient un hochet de cette main qui écrira *Child-Harold*. Au fond de la Saxe, dans un petit coin de l'Allemagne, les vieux chênes de Weimar protégent de leur ombre une nichée de poëtes ; mais le bruit des combats couvre leur mélodieux ramage, et l'Europe oublie Gœthe, Schiller, Wieland et Herder, pour suivre du regard Moreau et l'archiduc Charles qui se mesurent sur le Rhin ; Bonaparte et Wurmser qui se disputent l'Italie.

La poésie est donc muette ; mais elle n'est pas morte, parce que la poésie ne meurt pas ; émanée de Dieu, elle est inépuisable comme lui. Laissez passer l'orage ; et vous allez entendre monter vers les cieux le plus beau chœur de voix harmonieuses qui ait jamais enchanté des oreilles humaines. Poésie de l'âme, poésie des sens, poésie de l'imagination, *René*, *Atala*, *les Martyrs*, *Corinne*, *Werther*, *Wallenstein*, *Waverley*, *Obéron*, *don Juan*, vous aurez tout cela, et puis enfin la poésie intime, la poésie du cœur, qui surgira pâle et triste, mais belle, comme une fleur née sur des ruines. Au moment où le doux Chénier laisse tomber sa lyre, un noble enfant, aux blonds cheveux, grandit aux bords de la Saône ; cet enfant ramassera la lyre grecque de Chénier ; il y joindra une corde chrétienne et le monde étonné, ravi de cette mélodie nouvelle, répétera avec amour le nom de Lamartine. »

Et ce fut là, en effet, le côté particulièrement recommandable du génie de Lamartine que ce retour aux idées chrétiennes tombées en mépris.

La poésie française vivait alors, vous le savez, sur un vieux fond de philosophie païenne, glorifiant à peu près exclusivement le vin, la débauche galante, et tous les jolis vices de la « belle antiquité. »

De pâles versificateurs refaisaient jusqu'à l'hébêtement Ovide, Horace, Anacréon, Sapho et toute la séquelle épicurienne ou cynique.

Jouissons! était le mot suprême de ces érotiques rimeurs, et l'on aurait pu se croire revenu à l'âge d'or de la mythologie ancienne.

Entr'ouvrez les productions du temps, — et instruisez-vous.

Bacchus couronné de pampres triomphe sur son char traîné par des tigres et des panthères. Le chœur des Bacchantes secoue ses thyrses et ses guirlandes, hurlant l'évohé orgiaque. Les satyres chèvre-pieds, Silène au gros ventre se roulent frénétiquement sur le sable, ou sous les ombrages des bosquets chers à Parny, et tandis que Vénus tient école de volupté, Jupiter enseigne aux mortels le divin adultère.

Véritable littérature de courtisanes, faite pour encourager les instincts grossiers, — et dénuée de toute ouverture du côté de l'idéal.

Chateaubriand, Lamartine paraissent, et soudain tout change.

L'âme recouvre ses droits, et voici reparaître les vertus sublimes, la foi, la fraternité, l'espoir, l'enthousiasme, le respect du devoir, la vénération, la pitié et cette ineffable émotion de reconnaissance, qu'éprouve l'homme en présence du Créateur.

Autre temps, autres chansons! comme dit l'Allemand Henri Heine.

Au lieu des petits vers corrects exprimant à petites doses « les fumées d'un verre de vin de Champagne, les agaceries, les frissons, les ivresses froides, les ruptures, les réconciliations, les langueurs » des amours coupables, les méditations évoquaient le souvenir d'un amour profond et durable, chaste jusqu'au mysticisme, rempli de larmes de doux regret, et transfiguré jusqu'à la sainteté par la mort.

Substituer ainsi Béatrice à Phryné...... avouez qu'il y avait là de quoi surprendre nos aimables Épicuriens.

Les *Secondes Méditations*, les *Harmonies poétiques et religieuses*, *Jocelyn* et les *Recueillements poétiques* parus à des périodes diverses et parfois lointaines ne furent que le développement graduel des mérites affirmés avec tant de succès dans les premières *Méditations*.

L'analyse lente et méthodique de chacune de ces œuvres nous entraînerait trop loin sans doute. Elle a d'ailleurs été faite trop de fois pour qu'il soit utile de l'essayer ici de nouveau.

Mais ce qui importe à notre objet, c'est de résumer les enseignements qui en découlent.

Si jamais affirmation a pu se passer de preuves, c'est assurément celle que je vais produire :

Parmi ces milliers de vers qui composent l'œuvre poétique de Lamartine, il n'en est pas un seul qui n'exprime le spiritualisme le plus exalté.

Il n'en est pas un seul qui, tombant sous les yeux d'une jeune fille, puisse maculer la fraîcheur de ses virginales pensées ; pas un qui ne lui doive inspirer le culte de tout ce qui est honnête, l'amour du devoir, l'amour du foyer, l'amour de Dieu.

Dieu, la Famille, l'Abnégation, ces trois mots contiennent tout l'Evangile de la femme honnête.

> « Tu m'as donné dans l'âme une seconde voix
> Plus pure que la voix qui parle à nos oreilles,
> Plus forte que les vents, les ondes et les bois ! »

s'écrie le poète dans l'*Invocation* des *Harmonies*, en s'adressant à Dieu. « Mais, » ajoute-t-il,

« Mais c'est surtout ton nom, ô roi de la nature,
Qui fait vibrer en moi cet instrument divin !
Quand j'invoque ce nom, mon cœur, plein de murmure,
Résonne comme un temple où l'on chante sans fin. »

Dieu se place donc au début de son œuvre, comme la première et la plus constante de ses pensées, comme l'alpha et l'oméga de son univers poétique.

Aussi dès la deuxième pièce des *Méditations*, Lamartine attaque-t-il résolûment le scepticisme dans la personne de lord Byron, et s'il faut vous rappeler par quel superbe acte d'adoration se termine cette ode, écoutez :

« Mon sort est un problème, et ma fin un mystère ;
Je ressemble, Seigneur, au globe de la nuit
Qui, dans la route obscure où ton doigt le conduit,
Réfléchit d'un côté les clartés éternelles,
Et de l'autre est plongé dans les ombres mortelles.
L'homme est le point fatal où les deux infinis
Par la toute-puissance ont été réunis.
A tout autre degré, moins malheureux peut-être,
J'eusse été... Mais je suis ce que je devais être ;
J'adore sans la voir ta suprême raison :
Gloire à toi qui m'as fait ! Ce que tu fais est bon.
Cependant, accablé sous le poids de ma chaîne,
Du néant au tombeau l'adversité m'entraîne ;
Je marche dans la nuit par un chemin mauvais,
Ignorant d'où je viens, incertain où je vais,
Et je rappelle en vain ma jeunesse écoulée,
Comme l'eau du torrent dans sa source troublée.
Gloire à toi ! Le malheur en naissant m'a choisi ;
Tel qu'un jouet vivant ta droite m'a saisi ;
J'ai mangé dans les pleurs le pain de ma misère,
Et tu m'as abreuvé des eaux de ta colère.

Gloire à toi ! J'ai crié, tu n'as pas répondu ;
J'ai jeté sur la terre un regard confondu ;
J'ai cherché dans le ciel le jour de ta justice ;
Il s'est levé, Seigneur, et c'est pour mon supplice.
Gloire à toi ! L'innocence est coupable à tes yeux :
Un seul être, du moins, me restait sous les cieux ;
Toi-même de nos jours avais mêlé la trame ;
Sa vie était ma vie et son âme mon âme.
Comme un fruit encor vert du rameau détaché,
Je l'ai vu de mon sein avant l'âge arraché !
Ce coup, que tu voulais me rendre plus terrible,
La frappa lentement pour m'être plus sensible...

. . . .

J'adore en mes destins ta sagesse suprême,
J'aime ta volonté dans mes supplices même :
Gloire à toi ! Gloire à toi ! Frappe, anéantis-moi !
Tu n'entendras qu'un cri : Gloire à jamais à toi ! »

Quelques feuillets plus loin (cinquième Méditation) le poëte confesse sa foi dans l'immortalité de l'âme. Après avoir affirmé Dieu, quel problème y a-t-il qui soit plus important à résoudre que celui de la destinée humaine ?

« Je te salue, ô Mort ! Libérateur céleste... »

Je ne puis vraiment me décider à quitter ce premier volume des *Méditations* que j'ai sous la main, et que j'ai pris, comptant le quitter immédiatement soit pour le deuxième volume, soit pour *Jocelyn* ou les *Harmonies*. Il est impossible de feuilleter attentivement une œuvre de Lamartine sans être émerveillé de l'ordre avec lequel l'idée s'enchaîne à l'idée pour arriver à l'équilibre d'une impression une et forte.

Le thème a beau changer, c'est toujours le même concert. C'est que chaque page qui vient s'ajouter à la page précédente, développe un côté de l'idée unique et semble couler de la même source, d'un flot calme et sûr, tranquille mais fort.

Les petits poëtes qui font de la poésie une question de dilettantisme, et qui se bornent à ciseler laborieusement des arabesques, croient amoindrir Lamartine en disant qu'*il n'a qu'une corde.*

Ils ne se doutent pas qu'en parlant ainsi, ils rendent à son génie le témoignage le plus favorable, et prononcent par cela même qu'il obéit toujours et partout à une conviction absolue et dominatrice, tandis qu'ils constatent eux-mêmes n'avoir d'autre inspiration que leur caprice et leur fantaisie.

Bel éloge, ma foi! à décerner à un homme que d'en faire une girouette!

Après avoir chanté la toute-puissance divine et l'immortalité glorieuse de l'âme humaine, le poëte des *Méditations* jette un regard autour de lui, et se place en face de la nature.

Je n'ai fait que tourner une page :

« La fraîcheur de leurs lits, l'ombre qui les couronne,
M'enchaînent tout le jour sur le bord des ruisseaux;
Comme un enfant bercé par un chant monotone,
Mon âme s'assoupit au murmure des eaux.

. . . .

Dieu, pour le concevoir, a fait l'intelligence :
Sous la nature enfin découvre son auteur!
Une voix à l'esprit parle dans le silence :
Qui n'a point entendu cette voix dans son cœur? »

Ainsi : le Créateur, la créature, la création... Le Créateur avec sa miséricorde et sa prévoyance ineffables comme sa puissance ; la créature avec ses angoisses, ses aspirations, ses faiblesses, ses amours d'une heure, ses devoirs et sa fin ; la création avec les mille dédales de ses profondeurs, — voilà, dès l'abord, tous les problèmes posés, voilà enfin le monde entier de la poésie indiqué et défini.

Maintenant tout ce que produira le poète ne sera que le corollaire nécessaire et logique de ce qui vient d'être si magnifiquement exprimé.

Dès lors, soit qu'il nous parle du foyer domestique, soit qu'il pleure sur une tombe, soit qu'il chante les splendeurs des crépuscules, soit qu'il note ses espérances ou ses certitudes, son œuvre porte à chaque ligne l'empreinte de la même inspiration pieuse et chrétienne.

Toutefois, ce serait se tromper du tout au tout que de croire qu'il n'y a pas dans les *Harmonies*, dans *Jocelyn*, dans les *Méditations* et dans les *Recueillements* autre chose que des hymnes et des cantiques.

Philosophe chrétien, Lamartine ne se désintéresse pas pour cela du mouvement social où sont entraînés les peuples, suivant leurs aptitudes et leurs missions respectives. Loin de là. Lisez les pièces où il prend la défense des Grecs opprimés, lisez l'ode à *Bonaparte*, le *Chant du sacre*, la *Mort de Socrate*, la *Marseillaise de la Paix*, et une foule d'autres morceaux qui allongeraient outre mesure cette liste ; lisez-les, et vous y sentirez frémir l'âme d'un grand citoyen.

Et c'est là, pour le dire en passant, un grand grief aux yeux de cinq ou six poètes qui ont, pour le quart d'heure, la prétention de représenter la poésie en France.

Pour eux la mission du poëte est extra-humaine. La Critique n'a pas droit de lui demander compte de ses inspirations. Demande-t-on à la rose pourquoi son parfum n'est pas celui de la violette, et se rebelle-t-on contre le poirier parce que ses fruits ne sont pas des pommes? Le poëte est une lyre, sa fonction est de vibrer. Peu importe en quel ton, pourvu qu'il charme les oreilles qui l'écoutent. Il n'a pas à s'informer si son chant traduit les sentiments du troupeau humain au milieu duquel il se trouve si étrangement égaré. Il va, promenant ses rêves et ses mélodies ici ou là, sans autre but que de faire résonner les carrefours du vent dont il est plein, comme le fringueneur de guitare fait le bois creux de son instrument.

Lamartine n'a rien de commun avec ces poëtes. Il est poëte, mais il est homme ; il est artiste tout en demeurant citoyen. Il est ému par ce qui nous émeut, il souffre de nos souffrances et pleure de nos larmes, et si la patrie est en deuil il revêt des habits funèbres. Rien de ce qui est humain ne lui est étranger.

Il n'a que faire de l'art pour l'art.

Pour lui la poésie arrivée à son apogée « sera de la raison chantée ; elle sera philosophique, religieuse, politique, sociale, comme les époques que le genre humain va traverser ; elle sera intime surtout, personnelle, méditative et grave ; non plus un jeu de l'esprit, un caprice mélodieux de la pensée légère et superficielle, mais l'écho profond, réel, sincère, des plus hautes conceptions de l'intelligence, des plus mystérieuses impressions de l'âme. Ce sera l'homme lui-même et non plus son image, l'homme sincère et tout entier. »

En un mot la poésie doit, selon lui, ou toucher l'âme pour l'améliorer, ou élever l'esprit pour l'instruire.

Il ne s'est jamais départi de cette conviction, et, contrairement aux doctrines que je signalais tout à l'heure, toutes ses productions contiennent un enseignement.

Ouvrez, par exemple, le poème de *Jocelyn*. Jocelyn est un jeune homme qui, dès son entrée dans le monde, renonce à sa part de l'héritage paternel, en faveur d'une sœur qui, mieux dotée, pourra épouser celui qu'elle aime. Une fois ce premier sacrifice accompli, il retourne au séminaire afin d'entrer dans les ordres. Alors survient la tourmente révolutionnaire de 93. Les porte-soutane sont traqués comme des loups ; il faut fuir. Jocelyn arrive ainsi à la grotte des Aigles, au milieu des Alpes. Là un pâtre vient lui apporter tous les jours les aliments utiles à sa nourriture, et sa vie s'écoule contemplative et religieuse.

Mais voici que la Providence, — est-ce bien la Providence qu'il faut dire ? — lui envoie un jeune compagnon de solitude dont le père, persécuté comme aristocrate, vient d'être tué en cherchant à fuir les soldats acharnés à sa poursuite. C'est presque un enfant, ce jeune homme, et Jocelyn se sent naturellement entraîné à lui servir de frère aîné et de protecteur.

Trompeuse sympathie ! Laurence est une femme dissimulée sous des habits d'un autre sexe...

Ici se place une lutte des plus étranges et des plus émouvantes : Les sens et le cœur du néophyte d'un côté, le sentiment de ses devoirs, de l'autre, se heurtent dans sa poitrine et la déchirent. Laurence est si belle, Laurence est si touchante ! Le chrétien triomphe toutefois : une nuit, tandis que la jeune fille est encore endormie, il s'enfuit jusqu'à la ville la plus proche, va se jeter aux pieds d'un prêtre et reçoit l'ordination.

Plus tard, — longtemps après, — alors que Jocelyn était devenu curé de Valneige, où ses mains ont semé des bienfaits sans nombre, et où il exerce les attributions du médecin, du juge et du pasteur, une noble voyageuse, tombée malade dans une auberge de la route d'Italie, réclame l'assistance d'un prêtre, et Jocelyn est mandé auprès d'elle.

Laurence, c'est encore Laurence, mais Laurence mourante, et dont l'âme, avant de s'envoler, désire être réconciliée avec le Juge suprême.

Il y a là une scène d'un pathétique à coup sûr unique. Jocelyn donnant à Laurence, coupable d'avoir voulu l'oublier dans une vie dissolue, l'absolution de toutes ses fautes :

« Vous en repentez-vous de ces péchés, madame?
Je tiens sur votre front l'indulgence en suspens;
Dieu n'attend que ce mot. — Oh! oui, je me repens...

Nous voudrions pouvoir citer tout le morceau; qu'il nous suffise de l'indiquer.

Et quand Laurence est morte, Jocelyn, qui a accompli jusqu'au bout la série de ses sacrifices, continue pendant quelque temps encore sa vie de pasteur et d'apôtre. La mort vient enfin, la mort *libératrice!* et le pauvre prêtre peut enfin chanter le cantique de Siméon : « Mon Dieu, vous venez délivrer votre serviteur!... »

Voilà, sans commentaires, — et dépouillé de ses épisodes descriptifs ou historiques, ce poëme d'une simplicité et d'une moralité inflexibles. Croyez-vous qu'il existe dans notre littérature beaucoup d'œuvres où le devoir soit glorifié d'une aussi éloquente manière?

La poésie au surplus, et par là je désigne l'œuvre rimée, la poésie, dis-je, entendue même de cette noble manière n'a été pour Lamartine qu'un acheminement vers l'action, — ou, si vous préférez, le portique idéal de sa vie publique.

Suivant Lamartine, tout homme doué de facultés éminentes doit avant tout s'appliquer au soin des affaires de son pays, et il est des circonstances où il se couvre de honte en y restant étranger :

« Honte à qui peut chanter pendant que Rome brûle
S'il n'a l'âme et la lyre et les yeux de Néron;
Pendant que l'incendie en fleuve ardent circule
Des temples aux palais, du Cirque au Panthéon,
Honte à qui peut chanter pendant que chaque femme
Sur les fronts de ses fils voit la mort ondoyer,
Que chaque citoyen regarde si la flamme
Dévore déjà son foyer.

« Honte à qui peut chanter pendant que les sicaires,
En secouant leur torche, aiguisent leurs poignards,
Jettent les dieux proscrits aux rires populaires,
Ou traînent aux égouts les bustes des Césars !
C'est l'heure de combattre avec l'arme qui reste;
C'est l'heure de monter au rostre ensanglanté,
Et de défendre au moins de la voix et du geste
Rome, les dieux, la liberté ! »

Nous avons entendu maintes fois pourtant décider par d'honnêtes personnes, pensant ainsi se donner un brevet de profondeur, que l'orateur du perron de l'Hôtel-de-Ville ne fut jamais qu'un poète.

Oui, à coup sûr Lamartine a été poète, mais dans le sens le plus absolu du mot, et sans perdre de vue pour cela les intérêts sociaux de son temps et de son pays. Il a importé la poésie dans la politique et dans l'histoire, nous le voulons bien, mais il a su également faire de la poésie proprement dite une tribune de morale et d'enseignement politique, en nous inspirant le respect du passé, et en réveillant nos enthousiasmes pour la conquête de l'avenir.

Beaucoup d'autres, dédaigneux des mêlées du forum eussent borné là leur rôle.

Il n'en fut rien et le poète, ainsi qu'on le sait, s'empressa de se mêler directement aux affaires publiques.

Nous allons le suivre dans cette grande phase de sa vie; mais pour résumer celle que nous venons rapidement d'esquisser écoutons-le parler encore.

Il est bon qu'il nous dise lui-même ce qu'il pense de ses vers. On verra par là si le citoyen n'égalait pas en lui le poëte.

« La poésie n'a été pour moi que ce qu'est la prière, le plus beau et le plus intense des actes de la pensée, mais le plus court, et celui qui dérobe le moins de temps au travail du jour. La poésie c'est le chant intérieur.

Que penseriez-vous d'un homme qui chanterait du matin au soir. Je n'ai fait des vers que comme vous chantez en marchant quand vous êtes seul, débordant de force dans les routes solitaires de vos bois. Cela marque le pas, et donne la cadence aux mouvements du cœur et de la vie. Voilà tout. »

Ainsi s'exprime-t-il dans la célèbre lettre-préface des *Recueillements*.

Vous vous récriez sans doute contre l'exagération d'un pareil langage. Nous aussi vraiment. Pour nous, la Poésie vaut mieux et il l'a bien prouvé... Mais cette exagération ne fut, nous en sommes convaincus, que l'exagération d'un sentiment sincère.

Et ailleurs revenant sur les mêmes idées Lamartine ajoute :

«La poésie n'était pas mon métier ; c'était un accident, une aventure heureuse, une bonne fortune dans ma vie. *J'aspirais à autre chose, je me destinais à d'autres travaux.* Chanter n'est pas vivre, c'est se délasser ou se consoler par sa propre voix. »

(Préface des *Méditations* datée de 1849.)

II

LAMARTINE HISTORIEN

Ce qui, selon nous, caractérise la vie de M. de Lamartine, ce qui lui donne surtout une signification profonde, où les esprits faibles ont voulu voir comme une intervention fatale, c'est le merveilleux enchaînement des faits qui l'ont marquée.

Le progrès constant et profondément rationnel des facultés de ce poëte donne de la grandeur, de la dignité, de la souveraineté humaines, une idée qui n'est égalée par aucune fiction, par aucun récit imaginé.

Nous avons fait suffisamment comprendre comment les aptitudes et le génie s'étaient développés dans l'âme de M. de Lamartine, nous avons dit quelle avait été la direction qu'il leur avait imprimée, et montré l'endroit où lui-même en ce sens avait posé des bornes qu'il ne devait et ne pouvait pas franchir. L'effort de sa dernière conception lyrique nécessitait évidemment une transformation.

Quelle devait être cette transformation ?

Le rôle de Lamartine, défini par lui-même avec cette netteté qui est un des priviléges du génie, était surtout un rôle *social*.

Après en avoir posé les termes premiers et indispensables dans ses *Méditations*, dans ses *Harmonies*, dans *Jocelyn*, il l'avait manifesté d'une façon plus pratique dans ses premiers discours à la Chambre sous le gouvernement de Louis-Philippe, et avant de le remplir plus tard avec toute la magnifique ampleur que lui prêtaient son caractère, son élévation et les circonstances, il devait le justifier, le justifier par des faits, par des raisonnements, par des exemples, — par l'Histoire.

C'était là une nécessité logique de la situation qu'il avait acceptée.

L'homme qui voulait parler toujours au pays « par la fenêtre de la Chambre » devait, avant d'agir, montrer dans quel sens on devait agir, et afin d'inspirer à tout un peuple une confiance réelle, absolue, inébranlable, donner dans une œuvre longue, difficile et surtout nationale, des preuves de clairvoyance, de sens pratique et d'honnêteté.

Lamartine écrivit les *Girondins.*

Les raisons qui lui firent choisir ce sujet, de préférence à tout autre, sont fort simples, et il les a déduites lui-même avec cette franchise sereine qui lui est habituelle. Cependant nous ne serions nullement surpris qu'il y eût au fond de ce choix quelque intention malicieuse.

En écrivant sous un gouvernement essentiellement parlementaire, où le temps s'écoulait, pour les hommes jeunes et vieux, à faire assaut de « vaines paroles ou d'odieuses intrigues, » l'histoire des rhéteurs immortels et délicats qui ont perdu et illustré la première Révolution, un royaliste quelque peu boudeur, un poëte qui méprisait les verbiages, un aristocrate qui n'aimait point les avocats, un homme du *parti social* qui devait combattre les socialistes, n'attachait-il pas une importance sérieuse au dénouement fatal du drame qu'il évoquait? Ne voulait-il pas montrer à quels excès et à quelles fautes peut conduire en politique l'admiration de la parole?

Quoi qu'il en soit, — et ceci n'étant considéré que comme une hypothèse hasardée et hasardeuse, — Lamartine a exposé ses raisons dans la *Critique de l'histoire des Girondins*, et l'on doit être convaincu qu'il ne pouvait rien écrire de plus utile et de plus *actuel.*

« Il faut, me disais-je, que le vrai sens de la Révolution ait été perdu en route et dans son histoire. Ne serait-il pas possible d'en retrouver la juste signification, en remontant à son origine et à ses premiers organes et en la dégageant des passions et des amis qui lui ont fait perdre son caractère et son but? Ne serait-il pas possible ainsi, autant qu'utile, de rappeler à la philosophie sociale et politique dont elle fut l'apôtre et la victoire, cette France de 1840, devenue quoi? l'empire de quelques rhéteurs au jeu stérile de la tribune et des feuilles publiques, éléments jetés tous les matins par les factions de cour et de rue ou par des animosités civiles, d'où ne sortait que leur fumée ou leurs sinistres pour l'esprit des masses découragées? . . . .

. . . .

« Il faut, dis-je à nos amis, confidents de ma pensée, il faut écrire pour ce peuple, dans une histoire impartiale, morale et pratique à la fois le commentaire vivant de sa première révolution, un Machiavel français, non dans l'esprit de Machiavel italien, mais dans l'esprit d'un Tacite moderne, il faut prouver par tous les faits de cette révolution, qu'en histoire comme en morale, chaque crime, même heureux un jour, est suivi le lendemain d'une véritable expiation ; que les peuples, comme les individus, sont tenus de faire honnêtement les choses honnêtes; que le but ne justifie pas les moyens, comme le prétendent les scélérats de thérie ou les fanatiques....... Une histoire écrite dans cet esprit sera pour le peuple une haute leçon de moralité révolutionnaire propre à l'instruire et à le contenir la veille d'une prochaine révolution. Voilà le but moral que je me proposais en pensant d'avance à ce commentaire en action du crime et de la vertu dans la politique populaire. Je voulais faire un code en action de la République future. Si, comme je n'en doutais déjà plus guère, une république au moins temporaire devait recevoir prochainement de la nation et de la société française, le mandat de la nécessité, le devoir de sauver la patrie après l'écroulement de la monarchie d'expédient sur la tête de ses auteurs, je voulais que la seconde république fût *girondine* au lieu d'être *jacobine*.

« Voilà toute la pensée de mon livre. »

Il réalisa cette pensée avec une perfection presque

absolue au point de vue de la forme, avec une intelligence aussi vivante et aussi voyante que le comportait le temps, et surtout, — ceci doit suffire, — avec une honnêteté de tendances, quelquefois égarée ou faussée, toujours généreuse.

Jugeons le livre.

Fidèle à ces convictions de sentiment, germes déposés dans son âme, et toujours féconds, toujours vivants; fidèle à cet amour intuitif de la morale, source de ses inspirations et sanction de sa conscience, Lamartine formule, dès la seconde page de son livre, une profession de foi pleine de gravité, de sincérité, d'honneur et de haute philosophie. Il déclare solennellement qu'il croit « à la mystérieuse corrélation qui existe entre les actes et leurs conséquences ; » que, selon lui, « les faiblesses engendrent les fautes, les fautes les crimes, et les crimes les châtiments. »

Tels sont les enseignements derniers, les conclusions extrêmes de son livre, et il les place au frontispice de son œuvre, afin qu'on sache bien que son œuvre est ce que nous appellerons, sans craindre les sots, une œuvre de religion, et que, les yeux encore éblouis par la contemplation longtemps prolongée et souvent trop attentive de cette mêlée de sang et de pourpre, de boue et de lumière, de fureurs et de rayonnements, il éprouve le besoin de relever son front vers le ciel et de saluer de nouveau l'éternel soleil de justice, de calme et de vérité.

Cela fait, il entame l'action.

L'Histoire des Girondins commence en 1791. Mirabeau le colosse, au corps d'airain, aux pieds d'argile, vient de mourir; l'Assemblée législative est triomphante, le roi méprisé et impuissant : les hommes se sondent, les groupes s'agrégent, les partis se forment, le drame est commencé, et il court à son dénouement au milieu de péripéties tour à tour touchantes et cruelles, avec une logique furieuse et une effrayante rapidité.

Il serait inutile de résumer ici cette longue et grandiose épopée : elle est au fond de tous les cœurs et dans toutes les mémoires, gravée en traits ineffaçables et désormais liée à la pensée, à la fortune du poëte. Il suffira, pour atteindre notre but essentiellement philosophique, de rappeler la sinistre catastrophe qui la termine, comme une des plus absolues et des plus éclatantes manifestations de l'éternelle justice, et de devancer en quelque sorte la postérité, cette sanction des œuvres et des consciences, pour porter sur ce livre un jugement inspiré par la morale et dicté par la raison.

Que furent les Girondins? Et que sont-ils, pour nous, après la lecture du livre de M. de Lamartine? Telle est la question principale et la seule sérieuse que nous ayons à nous adresser d'abord.

Aujourd'hui, et après trois quarts de siècle et vingt révolutions, les unes coupables, les autres folles, tout esprit juste et honnête doit être au-dessus ou en dehors des passions qui bouleversèrent cette époque génésiaque du monde moderne.

La flamme du volcan s'est éteinte et nous pouvons chercher patiemment un peu d'or sous des amas de cendres.

Les Girondins pourraient donc nous apparaître dans l'horrible nudité de la mort, et nous pourrions en disséquant, en quelque sorte, leurs cadavres, livrés froids et immortels à notre implacable curiosité, surprendre la vérité, la formuler sans crainte, la publier sans remords.

Eh bien! nous le disons avec d'autant plus de calme que nous ne faisons qu'affirmer cette conviction conçue et précisée par d'autres que par nous : *Que les poëtes, gens d'instinct et de divination, se trompent fort rare-*

ment en fait de morale, les Girondins ont trouvé dans M. de Lamartine un historien heureux, sympathique et presque impartial.

Ces hommes éloquents et faibles, bien intentionnés et toujours hésitants, qui n'ont manqué que d'énergie et non de vertu, qui avaient le sentiment, la conception abstraite de la vraie politique, c'est-à-dire le talent, mais n'en avaient ni l'audace ni les traditions, c'est-à-dire le génie, ces hommes coupables, mais intéressants et beaux jusque dans leurs défaillances les plus blâmables, ressemblaient bien aux portraits que nous en a tracés M. de Lamartine.

Lamartine qui est, suivant une très-heureuse expression de M. Louis Ulbach, « le grand idéalisateur des choses vulgaires, » a quelquefois dénaturé le sens historique des actes qu'il avait à interpréter et trouvé des mobiles généreux à certaines manifestations de la lâcheté ou de la bassesse, inséparables de certaines organisations humaines ; mais ces erreurs, d'ailleurs fort peu nombreuses, sont faciles à reconnaître et, par conséquent, à corriger : elles sont présentées simplement et avec une entière bonne foi, ce qui les rend presque respectables et n'influe en rien sur la signification et la portée générales de l'œuvre.

Il est à remarquer que, pour donner à la fois à cet ouvrage plus de précision et plus de relief, M. de Lamartine s'est résolûment écarté de toutes les règles connues et généralement adoptées pour les écrits traitant de spéculations politiques.

Il a hardiment transporté dans l'Histoire les procédés du Roman, et lui seul pouvait faire accepter une innovation aussi hasardeuse.

Il dramatise le récit, ne juge que les actes et nullement les intentions, et lorsque l'intervention d'un nouveau personnage devient nécessaire, il le présente tout entier au lecteur dans l'ensemble de sa vie et de sa personne, accordant une égale importance à ses actions privées ou publiques, à ses vertus d'homme ou de citoyen. En un mot, à l'exemple de Tacite et de quelques autres historiens antiques, ce sont des portraits qu'il trace, et ces portraits se gravent dans la mémoire en traits vraiment indélébiles.

Il est donc facile d'embrasser, après la lecture de ce livre, non-seulement le monde des idées abstraites que représentait la Révolution, et dont l'exposition, le commentaire et les conséquences pratiques sont présentées avec une clarté qui donne du relief aux enseignements que l'on doit en retirer et qui forment la conclusion finale de l'ouvrage, mais aussi le monde des passions qui expliquent ces idées, le monde des sentiments qui les inspirent, le monde des intérêts qui les modifient.

Ainsi, les jugements portés sur les hommes se détachent nettement des principes au nom desquels ces jugements sont prononcés, et la plupart de ces jugements sont des modèles de style et mieux encore des modèles d'élévation, de grandeur généreuse et même d'impartialité.

Le caractère de Danton, ce gigantesque athlète qu'on a peut-être trop calomnié et trop peu compris, n'est-il pas admirablement expliqué par ces paroles ?

« Danton que la Révolution avait trouvé avocat obscur avait grandi avec elle....... C'est un de ces hommes qui semblent naître du bouillonnement des révolutions et qui flottent sur le tumulte jusqu'à ce qu'il les engloutisse. Tout en lui était athlétique, rude et vulgaire comme les masses. Il devait leur plaire, parce qu'il leur ressemblait. Son éloquence imitait l'explosion des foules. Sa voix sonore tenait du rugissement de l'émeute... Au geste irrésistible, imprimait l'impulsion aux rassemblements. L'ambition alors était toute sa politique. Sans principes arrêtés, il n'aimait de la démocratie que son trouble. . . . . Il amusait le peuple et le passionnait à la fois. Satisfait de ce double ascendant, il se dispensait de la respecter, il ne lui parlait ni de principe, ni de retour, mais de force. Lui-même n'adorait guère que sa force. . . . . Il était le centre de tous ces hommes qui ne cherchent dans les événements que la grandeur. Mais, les autres n'avaient que la bassesse du vice; les vices de Danton étaient héroïques. Son intelligence touchait au génie. Il avait l'éclair du moment. L'incrédulité, qui était l'infirmité de son âme, était à ses yeux la force de son ambition. Il la cultivait en lui comme l'élément de sa grandeur future. Il avait en pitié tout ce qui respectait quelque chose. »

La mémoire de Camille Desmoulins que M. de Larmartine appelle successivement « le singe du peuple, » « l'enfant cruel de la Révolution, » le « Séjan de la foule, » et celle de Marat, « ce tigre de la Terreur, » ne sont-elles pas irrévocablement flétries par les quelques lignes qui leur sont consacrées?

Est-il rien de plus juste et de plus vrai que cette appréciation générale de la vie et du rôle de Robespierre?

« Dans l'ombre encore et derrière les chefs de l'Assemblée nationale un homme presque inconnu commençait à se mouvoir, agité d'une pensée inquiète qui semblait lui interdire le silence et le repos; il tentait en toute occasion la parole et s'attaquait indifféremment à tous les orateurs, même à Mirabeau. Précipité de la tribune, il y remontait le lendemain; humilié par les sarcasmes, étouffé par les murmures, désavoué par tous les partis, disparaissant entre les grands athlètes qui fixaient l'attention publique, il était sans cesse vaincu, jamais lassé. On eût dit qu'un génie intime lui révélait d'avance la vanité de tous ces talents, la toute-puissance de la volonté et de la patience, et qu'une voix entendue de lui seul lui disait : « Ces hommes qui te méprisent t'appartiennent, tous les dé-« tails de cette Révolution qui ne veut pas te voir viendront

« aboutir à toi; car tu t'es placé sur sa route comme l'inévi-
« table excès auquel aboutit toute impulsion. » Cet homme, c'était Robespierre.

« Il y a des abîmes que l'on n'ose pas sonder et des caractères qu'on ne veut pas approfondir, de peur d'y trouver trop de ténèbres et trop d'horreur ; l'histoire, qui a l'œil impassible du temps, ne doit pas s'arrêter à ces terreurs ; elle doit comprendre ce qu'elle se charge de raconter. »

L'âme s'élève et se fortifie au contact de l'âme de cet historien honnête homme, qui, chose remarquable, excuse le erreurs, pardonne les fautes, mais n'absout jamais un crime.

La vie, le caractère et les opinions de Lamartine sont uns et inflexibles. C'est là ce qui ressort d'une manière éclatante de l'examen de ses œuvres qui sont une confession dans le sens absolu du mot.

Lamartine a tout dit à tous, ses moindres pensées ont été publiques ; on ne peut lire vingt lignes de ses ouvrages sans en être pleinement convaincu, et chose étrange, on n'y trouve pas la faiblesse d'un biais, l'idée d'une bassesse, la trace d'un compromis.

Il est droit, ferme et fier. Il parle de la vertu avec calme, des vices avec indulgence, des crimes avec mépris. Les scélérats brillants ou misérables, triomphants ou punis, morts ou vivants lui inspirent, selon les temps, de l'indignation ou du dégoût ; et lorsqu'il distribue en maître et en historien les couronnes ou les verges, il le fait avec la sérénité du juge dont la vertu première doit être presque toujours l'impassibilité.

En somme, au point de vue purement idéal, l'*Histoire des Girondins*, qui fut un acte de courage, n'est pas seulement un livre impérissable, c'est autre chose et c'est mieux ; un livre honnête qui résume le sentiment de toutes les âmes généreuses, sur des faits et des personnages encore souvent discutés : et, sauf deux ou trois pages que l'auteur a déchirées lui-même et quelques appréciations peut-être forcées, ce livre donne comme l'expression tranquille, morale et réfléchie de l'opinion publique.

C'est le procès des démagogues instruit et jugé par un citoyen et sanctionné par la conscience de presque toute l'Europe.

Une telle œuvre est d'ailleurs unique dans la vie d'un homme, et l'on comprend sans doute que dans cet examen que nous avons entrepris de toutes les manifestations du génie qui nous occupe, nous ne lui avons accordé une telle importance que parce qu'elle est liée d'une manière indissoluble à la vie du personnage, à la renommée du poëte, au développement du caractère et surtout de la destinée du politique.

Les idées exprimées, commentées, glorifiées par l'historien, se retrouveront et deviendront actions au milieu de la Révolution de 1848, et l'on verra comment celui qui sut immortaliser les combats par ses récits sut aussi s'immortaliser en combattant.

On comprend pourquoi les autres œuvres historiques de M. de Lamartine, bien que gardant toujours l'empreinte de son génie, nous paraissent solliciter moins vivement notre attention.

Le souffle ardent de la passion qui brûle les lèvres du tribun, et cette fièvre d'espoir qui l'agite lorsqu'il parle de la République et de son pays, lui font défaut lorsqu'il parle des monarchies et des autres nations. Ce n'est ni le talent, ni le souffle qui manquent à l'historien, c'est la foi.

En lisant l'*Histoire de la Restauration,* qui parut en 1851, l'illusion serait peut-être possible, parce que la piété remplace la foi et en affecte quelquefois les formes.

Néanmoins, malgré la scrupuleuse droiture de principes, malgré l'élévation d'idées et de sentiments, malgré la clairvoyance dont M. de Lamartine donne mille preuves, on n'éprouve en lisant ces pages aucune de ces émotions saines et fortes qui font palpiter les cœurs lorsqu'il parle de Vergniaud et de Danton, de Robespierre et de Marat.

C'est dans le préambule de cet ouvrage que M. de Lamartine a écrit cette phrase si courte, si profonde et si mélancolique :

« Il n'y a plus d'histoire contemporaine. »

Vérité terrible, qui marque une époque du signe fatal des décadences, lorsque la fièvre remplace l'action, lorsque le sang entraîne l'esprit et l'étouffe, lorsque la force écrase le droit.

L'*Histoire de la Restauration* est d'ailleurs fort remarquable par les tendances politiques qu'elle manifeste. C'est un précieux document à opposer au pamphlet de M. de Vaulabelle, monument de prétentions monstrueuses et souvent ridicules, servant nous ne savons quelles basses rancunes ou quelles triomphantes ambitions.

Quant à l'*Histoire de la Turquie,* c'est une monographie brillante faite par un homme qui a vu, étudié et compris l'Orient. L'intelligence politique de M. de Lamartine s'y révèle aussi avec un éclat toujours égal.

Le terrible problème qui s'impose aujourd'hui de nouveau à l'attention de l'Europe et que l'on a appelé justement *la plus grande question du siècle,* a attiré son regard. Il a sondé l'abîme où pourrait s'engloutir le vieux monde européen maintenant régénéré : et si l'on n'approuve pas ses déductions et ses vues spéciales, on doit en tout cas s'incliner devant sa force et devant sa pénétration.

On voit en résumé que chez Lamartine, l'historien comme le poëte reflète et révèle l'homme politique.

C'est la seconde évolution de cette nature à la fois une et complexe, la seconde incarnation de son idée. Nous espérons l'avoir prouvé d'une manière irréfutable.

Nous allons étudier maintenant sa transformation complète et dernière.

C'est ici qu'apparaît le Verbe, l'Homme, le Sauveur.

III

LAMARTINE HOMME POLITIQUE

Au moment de prendre la plume pour retracer à grands traits la vie politique de M. de Lamartine, nous sommes frappés par une réflexion pénible qui ressort comme un enseignement de cette longue étude et qui explique, résume et rehausse aussi la destinée de cette superbe individualité.

La douleur, nous disons-nous, apparaît dans la vie de M. de Lamartine comme l'initiation et le complément de toutes ses œuvres extérieures.

Il doute, il souffre ; il écrit les *Méditations :* il souffre encore.

Il aime, il souffre ; son génie se développe en lui et prend cette magnifique expansion qui a créé des mondes de sentiments et de pensées, il écrit les *Harmonies, Graziella, Raphaël,* les *Recueillements,* vingt chefs-d'œuvre : il souffre encore.

Son intelligence lui révèle avec une sûreté merveilleuse l'avenir de notre pays, il part, il perd sa fille, et c'est alors que son pays le réclame et qu'il commence sa vie publique dont nous voyons le dénoûment.

Ainsi la douleur, toujours la douleur : tel est le stimulant de cette âme, tel est son ressort secret, sa perpétuelle élévation.

Pour les indifférents ce n'est qu'un spectacle, pour les philosophes ce n'est qu'une leçon, pour nous et pour les hommes justes, c'est un sujet de s'indigner contre le sort et une raison pour corriger autant que possible les ingratitudes de la Fortune.

Ce fut donc au milieu de l'anéantissement causé par la douleur la plus intense qui puisse étreindre le cœur d'un homme que M. de Lamartine entendit la voix de son pays qui l'appelait. Il quitta mélancoliquement le pays de la lumière, où son âme s'ouvrait au ciel, à la nature, à toutes les splendeurs du beau sensible pour se vouer désormais tout entier aux sacrifices de la lutte et du pouvoir qui devaient briser son corps sans obscurcir son âme et sans ployer son esprit.

Il avait eu d'ailleurs toujours comme un pressentiment de sa destinée. Cette croyance en son étoile et cette révélation presque surnaturelle de son avenir se retrouvent naïvement et noblement expliquées dans son *Voyage en Orient* à propos de sa visite à lady Esther Stanhope, et dans ses *Confidences* à propos d'une aventure étrange qui lui arriva à Moulins, dans sa plus extrême jeunesse.

Il s'était préparé silencieusement à tous les rôles que pouvaient lui réserver les circonstances, et quelque grands ou nobles qu'ils fussent, il devait lui être facile de les remplir.

Le génie porte en lui-même toutes les vertus, toutes les grandeurs, toutes les instructions.

La politique n'était donc pas chose nouvelle pour l'homme en qui l'on ne voulait voir qu'un grand poëte.

Dès 1815, proscrit, errant, retiré dans le Chablais, sur les bords d'un lac enchanté et dans la misérable chaumière d'un pêcheur, il écrivait au ministre Carnot une lettre où les plus nobles sentiments se mêlaient aux vues les plus sages et les plus libres exprimées dans ce langage magique qui devait plus tard enthousiasmer les foules ; mais l'époque de sa virilité fut marquée en ce sens par un effort plus complet et plus remarquable : la brochure sur la *Politique Rationnelle.*

On a considéré cette œuvre de haute raison, de morale simple et grande, d'intelligence sereine au-dessus de tous les calculs et de toutes les ambitions, comme une sorte de manifestation prophétique, où les fautes et les malheurs du temps avaient été compris et mis au jour, où les espérances des hommes d'honneur et de raison étaient encouragées, où l'avenir était pressenti et déploré, et après avoir relu cette admirable appréciation qui tombait sur un règne à peine naissant et déjà prospère, nous sommes tentés de nous ranger à cette opinion.

La brochure sur la *Politique Rationnelle* est plus qu'un accident dans la vie de Lamartine, c'est un programme, et à ce titre elle mérite l'attention des hommes qui veulent connaître, comprendre et juger. L'avenir et le but des sociétés modernes y étaient clairement exposés, et l'esprit du poëte s'étreignait dès l'abord et sans crainte, avec ce terrible problème social qui nous a jetés dans les aventures sombres et sanglantes dont les dénoûments épouvantent à la fois les hommes de progrès et les hommes de réaction.

M. de Lamartine apportait à la chambre un cœur libre et fort contre ses propres surprises, un esprit façonné par l'étude à toutes les luttes et à tous les devoirs, une éloquence échauffée au contact des âmes de 93, qu'il songeait déjà peut-être à évoquer devant la nation surprise et charmée pour lui faire honte de son repos et la jeter dans des voies nouvelles.

Trop personnel dans le sens honorable du mot, trop indifférent peut-être pour se mêler aux basses intrigues qui sont les moindres défauts de la plupart des gouvernements constitutionnels, il voulut, dit-il, ne trouvant dans l'enceinte où se jouaient ces belles parties dont les enjeux étaient les ministères, aucune place digne de lui, s'asseoir au plafond pour fuir tout le monde.

Tout le monde vint à lui. C'était naturel.

Ses premiers discours reflètent surtout le désir du bien qui élève et fortifie les hommes. Ils annoncent et préparent merveilleusement un rôle actif et supérieur et groupent autour de Lamartine des influences, des convictions, mieux encore des volontés. Ils accusent d'ailleurs la recherche constante de l'utile, la préoccupation dominante du Progrès et la conscience du juste.

Ses harangues sur le *Traité avec les États-Unis*, sur l'*Émancipation des esclaves*, sur l'*Impôt Universitaire*, sur la *Loi sur la Presse*, sur l'*Enseignement*, témoignent d'un sens pratique incontestable, d'une observation patiente, réfléchie, laborieuse des faits et des documents en discussion, fécondée et servie par une merveilleuse science historique. Ce sont des œuvres spéciales, des traités complets et cependant succincts, qui montrent bien que les facultés intuitives des vrais poëtes atteignent sans effort tous les sommets, se plient sans déchoir aux fonctions les plus humbles.

Du reste, l'attitude que gardait alors M. de Lamartine vis-à-vis du pouvoir était de nature à donner à la France, à ses collègues et aux gouvernants eux-mêmes une haute idée de la dignité et de la hauteur de sa politique.

Lorsque les efforts aveugles de la *Coalition* portèrent au trône les premiers coups qui l'ébranlèrent, et croyant servir des ambitions et des hommes, servirent en réalité les principes et le peuple, M. de Lamartine, qui pressentait à ce drame un triste dénoûment et méprisait de toute la grandeur de sa loyauté ces manœuvres misérables, ces compromis déshonorants qui ravalaient la conscience des partis au-dessous de la conscience des factions, apporta au gouvernement le secours décisif, désintéressé, et surtout inespéré de sa parole et de sa popularité naissante.

Il défendit contre une ligue perverse et monstrueuse le Pouvoir qu'il n'aimait pas, mais qui lui paraissait nécessaire.

Cette intervention déconcerta les passionnés qui, comptant sur le passé du diplomate, ne comptaient pas avec son honneur et sa vertu ; mais les hommes clairvoyants et sensés qui, Dieu merci, ne manquent pas dans notre pays, apprécièrent la raison et l'honnêteté, la conduite généreuse de ce légitimiste, qui défendait l'usurpation et lui promirent dans leur âme le concours énergique et loyal qu'ils lui prêtèrent plus tard.

Le roi devait mieux que personne comprendre la portée et la signification de ce dévouement. Il ne s'y trompa pas un seul instant, et il n'eût tenu dès lors qu'à M. de Lamartine de jouer un rôle capital. Le député de Dunkerque repoussa cependant toutes les avances et les propositions les plus brillantes avec une fermeté qui n'excluait point le respect, et il resta ce qu'il avait su devenir, l'orateur du pays au sein de la chambre, le devin de ses volontés, l'interprète de ses besoins.

Louis-Philippe, que ses facultés moyennes mais sûres rendaient très-propre à juger nettement une situation périlleuse, et à pressentir les événements lorsqu'ils étaient indiqués par divers symptômes, dut être réellement saisi d'une grande tristesse lorsqu'il vit que des hommes tels que M. de Lamartine le défendaient de la parole, mais ne l'aidaient pas de leurs mains ou de leur esprit.

Il vit peut-être alors le spectre de 1830 se dresser devant ses yeux, et Holy-Rood lui fit pressentir Claremont.

Ainsi, par la seule vertu de sa loyauté et de son attitude, M. de Lamartine jouait un rôle vraiment prophétique.

Il montrait sans faillir à ses convictions d'homme, à ses serments de député, à ses devoirs de citoyen quelle était la voie d'honneur, de libération et de progrès où allait s'engager la France.

C'est alors qu'il écrivit l'*Histoire des Girondins*, qui dévoilait toute la portée de ses vues politiques et que nous avons déjà appréciée. Ce fut un coup de foudre isolé, précurseur de la tempête.

Son discours, au banquet qui lui fut offert par la ville de Mâcon, compléta cette exposition et accentua les idées qu'il représentait.

« Mais qu'ai-je besoin, messieurs, de chercher d'autres symptômes de réaction et de régénération de la volonté publique que ceux que je vois ici même et dans le fait de cet immense réunion ! Pourquoi mon faible livre a-t-il ému si rapidement votre fibre nationale, ici et ailleurs ? Pourquoi moi-même me suis-je senti poussé à l'écrire en attendant seul ou avec le petit nombre dans les conseils du pays où vous m'avez envoyé, que la réaction anti-libérale fût accomplie et que la France et le siècle revenant à leur nature, retrouvassent sur leur passage les hommes de foi libérale au poste où vous les avez placés ? . . . . Il suffit qu'un souffle de ces vérités rénovatrices qui portent en elles la vie et la gloire ait traversé mes livres, pour que vous ayez voulu rendre, en apparence, à l'organe bien indigne de ces vérités un homme qui ne s'adresse en vérité qu'à elles-mêmes ! qu'à vos principes, qu'à vos espérances.

« Eh bien ! c'est là un système de régénération de l'esprit public ! C'est là un symptôme que la réaction contre les apostasies des principes de 89 commence ! »

La leçon était complète. Lamartine n'avait plus qu'à attendre et à saluer les temps nouveaux.

Enfin 1848 éclata.

Il ne peut venir à l'esprit de personne de considérer le point de départ de cette Révolution, c'est-à-dire l'agitation en faveur de la Réforme, comme la cause de cette formidable explosion.

M. de Lamartine qui, avec la candeur d'un poëte, s'accuse de bonne foi d'avoir mal agi en se rendant au banquet de Paris au mépris des injonctions des ministres, ne peut croire lui-même que si ces banquets n'avaient pas eu lieu, le gouvernement de Louis-Philippe aurait résisté à tous les efforts qui le poussaient vers l'abîme.

L'histoire n'est pas seulement un recueil de faits, elle est un enseignement.

Et n'est-il pas manifeste que les émeutes ne sont que des résultats et non des causes?

Ne voit-on pas clairement que la répression d'une émeute consolide moins un gouvernement que la suppression d'un abus ou la réformation d'un principe?

Non! vous ne fûtes pas coupable de vous rendre à ce banquet.

Vous ne fûtes pas coupable, de déclarer que si personne ne vous y accompagnait, vous iriez *seul, avec votre ombre derrière vous.*

Vous ne fûtes pas coupable d'user d'un droit qui était vôtre, en dépit des ministres, des pouvoirs établis et du roi lui-même.

Les coupables étaient les gens qui avaient amassé sur leur tête l'orage qui devait les anéantir et qui, semant la discorde et la compression, s'étonnaient de recueillir l'anarchie et la résistance.

Ceci, d'ailleurs, est de l'histoire. Le rôle que jouait M. de Lamartine était rigoureusement logique. L'événement le prouva bien le 24 février.

La sédition enflammait tout Paris et triomphait partout, en montrant ses drapeaux et ses haillons, le roi était déjà en fuite et, frappé de stupeur, laissait se heurter les forces et les inspirations du désespoir ; les députés, réunis à la Chambre, étaient alarmés, indécis et prêts à se rallier aux propositions les plus absurdes et les plus contraires. Lamartine, qui avait appris relativement fort tard les événements de la journée, et ignorait même les incidents principaux, se rendit au Palais-Bourbon. Il apparut à un petit groupe d'hommes, jeunes et honnêtes, comme le seul chef qui pût sauver, dans cette horrible tourmente, l'ordre menacé par une insurrection, dont les tendances s'étaient déjà manifestées. On le pressa, dans l'éventualité d'une régence, d'accepter le pouvoir menacé par toutes les fureurs.

Il ne se laissa ni inquiéter, ni séduire. Il dit sa pensée tout entière : la Régence lui paraissait impossible et dangereuse, la République seule pouvait tout sauver.

Il entra dans la salle des séances et presque aussitôt la duchesse d'Orléans y parut aussi, tenant par la main ses deux enfants.

Redirons-nous ces tristes scènes, où la majesté du rang et du malheur disparaissent derrière les nécessités du salut public? Montrerons-nous l'assemblée envahie, la princesse menacée, insultée, repoussée par le peuple et séparée de ses deux enfants foulés aux pieds?

Nous pouvons heureusement détourner les yeux de ce spectacle, et suivre ailleurs le progrès de ce mouvement.

Lamartine eut alors le courage de produire et de formuler la pensée du peuple : il osa demander le Gouvernement provisoire, et il eut l'honneur de le proclamer, de l'instituer, et le pouvoir de faire accepter ses actes.

On peut juger diversement, au point de vue politique,

cet incident de la vie de M. de Lamartins : mais, pour tous, il nous paraît incontestable que l'intérêt du peuple, qui a approuvé cette audace et l'a couverte de ses votes et de ses applaudissements, a devancé le jugement de la postérité.

Nous allons dire, du reste, à quelles convictions obéissait M. de Lamartine.

Les actes que, dans cette même journée, M. de Lamartine accomplit à l'Hôtel de ville, sont vraiment des actes de tribun : mais ils nous rappellent Caton plutôt que Catilina.

On dirait vraiment que la vue de cet homme, fascinait la foule et la rendait docile, l'élevant à la hauteur de sa vertu, au lieu de la pousser dans la boue de ses passions. Bravant la mort, les injures, les jugements eux-mêmes, il fit son devoir. Il le fit simplement. Mais n'est-il pas pour cela grand et louable?

Tandis qu'il prêtait à ses collègues du gouvernement provisoire, sa lumineuse intelligence pour l'organisation des forces du nouveau pouvoir, le peuple armé, continuant ses luttes farouches, inondait les salles du Palais et ne respectait pas même les délibérations du petit groupe d'hommes qui travaillaient à son salut. M. de Lamartine épuisé, haletant, vaincu par le corps, mais triomphant par l'idée, se relevait, recueillait ses forces et trouvait encore des accents qui remuaient cette plèbe et la purifiaient par le souffle de l'esprit et de la liberté.

Nous chercherions vainement dans notre histoire une page aussi belle que celle que l'avenir devra consacrer à cette journée.

Les héros, hélas! sont près de nous. Ils ne meurent pas : nous les oublions.

L'influence de M. de Lamartine, en dehors de son génie politique et de son talent d'orateur, ne fut d'ailleurs si grande que parce qu'il représentait alors deux grandes conceptions sociales qui constituaient et constituent encore, les seuls progrès réalisables et perfectibles chez les nations modernes et surtout chez les nations gallo-latines. Ces conceptions, simples comme tout ce qui est complet, étaient : l'avénement des masses aux droits et non aux pouvoirs, aux contrôles, mais non à l'autorité, et l'élévation de la conscience humaine par le développement de la liberté religieuse et sociale.

Tel est en résumé la doctrine du *parti social*. Elle avait deux légers avantages sur les doctrines *des partis socialistes :* celui d'être intelligible et celui de pouvoir indistinctement être acceptée par tous.

Le bon sens de la nation ne se démentit pas : ces principes furent adoptés par tout ce qui ne représentait pas une passion ou une faction, et la Révolution put faire son œuvre.

La signification du mouvement de 1848 est donc aujourd'hui facile à comprendre. Les faits sanglants ou sublimes qui le marquèrent ne témoignaient que du désir de changer la condition politique du pays.

Tous les partis étaient en présence, en éveil : ils étaient puissants, la plupart disposaient même de moyens et de sommes considérables.

La République qui, au dire de quelques-uns, ne fut qu'une surprise était réellement naturelle, nécesssaire et régénératrice.

M. de Lamartine, pressentant cette vérité, prophétisa et prépara l'avenir. C'est là sa gloire, c'est là son œuvre et sa plus belle. Après de tels actes un homme peut mourir, il a fait mieux qu'amasser un vain bruit autour de son nom, il a fait mieux que créer des sentiments et des formes littéraires, il a créé, il a sauvé son pays. C'est plus qu'un poète, c'est un libérateur.

Dès lors, M. de Lamartine ne s'occupant plus d'organiser et de consolider le jeune État qu'il avait formé le matin même, put se livrer à l'œuvre de conciliation qu'il avait entreprise.

Il s'était réservé dans les détails du gouvernement, la tâche la plus ardue, la direction du ministère des affaires étrangères, et il commença par envoyer aux puissances européenes un manifeste qui est un chef-d'œuvre, de logique, de précision et de fermeté. Si nous ne vîmes pas se former alors une ligue contre la France et luire de nouveau les jours sinistres des invasions, ce fut peut-être grâce à cette pièce diplomatique, qui empruntait au nom de son auteur, une grande signification et un plus grand caractère.

Au dedans, il cherchait aussi l'apaisement graduel et la fusion des sentiments nationaux, sinon des idées personnelles. Il agit dans ce sens le 17 mai, et ceux même qu'il combattait lui rendirent justice. Dans un ouvrage publié en 1849, —*le Socialisme devant le Vieux Monde*,— M. Victor Considérant, le chef de l'école fourriériste dit, que même après les journées de juin, M. de Lamartine est un homme providentiel et *utile*. Cependant cet homme utile ne fut pas dénué de force et de résolution, et pendant ces jours néfastes il résista avec une fermeté qui tenait plutôt du calculateur politique que du poëte épris de sentiment.

La victoire resta au droit, servi ces jours-là par le hasard, et la France fut préservée du régime inconnu, mais en tout cas terrible, que nous préparaient des ambiticux sans talent et des misérables sans entrailles.

C'était là d'ailleurs, que devait fatalement s'arrêter le mouvement d'impulsion communiqué à son siècle par cet homme politique.

Sa mission régulière, abstraite, était finie.

Aussitôt qu'il vit les premières manifestations du bonapartisme, il fut effrayé, et songea sans doute pendant un instant aux gloires et aux misères du premier Empire. Il jugea du reste, après une entrevue bizarre, le prince Louis-Napoléon, aujourd'hui Empereur, avec une sûreté de tact et une vérité de couleur qui sont admirables.

Il pressentit donc l'avenir de la France et il en gémit, à tort sans doute : mais il vit aussi que sa place était désormais dans l'histoire et non dans les conseils, et il rentra non pas dans son repos, mais dans son travail.

Ainsi finit cette vie politique dont l'enchaînement merveilleux offre à l'esprit du philosophe l'exemple le plus rare d'unité dans les tendances, de loyauté dans les projets, de bonheur dans l'exécution. Il s'en dégage une morale sévère, qui est comme un reflet des sentiments chrétiens, fécondé par la pensée et par la lumière libérales.

Lamartine a initié la France à la sagesse sociale, à la vraie philosophie des Révolutions ou plutôt des Évolutions ; il lui a appris, ce que contient un principe, il lui a montré, ce que peut un fait.

C'est là le vrai génie de l'homme. C'est là ce qu'il n'a pas écrit, mais ce que d'autres doivent écrire et ce qui pèsera du poids le plus décisif dans les jugements de l'avenir.

IV

SON CARACTÈRE

Ceci est la partie la plus facile et la plus agréable de notre tâche, et n'a à proprement parler qu'un rapport indirect avec le projet de loi qui nous a mis la main à la plume.

Le public actuel se fatigue vite d'un discours purement didactique, et se complaît aux renseignements anecdotiques qui servent à dépeindre les contemporains illustres.

Il trouvera ici quelques détails qui compléteront ceux que nous avons donnés jusqu'ici sur la grande figure qui nous occupe.

M. de Lamartine habite rue Cambacérès, un simple pavillon entre cour et jardin, dépendant du numéro 43. C'est un logement qui n'a rien de ce faste sans lequel nos petits gazetiers supposent que Lamartine ne saurait vivre.

Il y mène une vie retirée et digne, travaillant, malgré son grand âge, pendant cinq heures environ, tous les matins. Nul ne met plus que lui en pratique le précepte de Zeuxis cité par Pline : *Nulla dies sine lineâ.*

Spectacle fait pour provoquer d'austères réflexions, celui de ce vieillard, courbé sur sa table d'écrivain et accomplissant sans faiblir sa tâche quotidienne !

« D'autres, dit-il dans l'introduction de ses *Mémoires politiques*, écrivent complaisamment dans les dignités et les loisirs leurs souvenirs oratoires, leurs mémoires politiques ; saint Augustin écrivait par piété ; Jean-Jacques Rousseau écrivait par vanité ; Saint-Simon écrivait par malignité ; ceux-ci par personnalité, ceux-là par ambition de se justifier et de recueillir les admirations et les regrets du monde. Moi, je l'avoue franchement, je n'écris ni par piété, ni par vanité, ni par méchanceté, ni par personnalité, ni par gloriole de poëte, de politique ou d'écrivain. J'écris, faut-il le dire? par nécessité !

« Après avoir fait des métiers de poëte, d'historien, d'orateur, l'amusement et l'ornement de ma jeunesse, je me vois forcé sur mes jours avancés d'en faire métier et marchandise : métier d'honnête homme, marchandise de probité et d'honneur. »

Celui qui a écrit ces lignes est né à Mâcon le 21 octobre 1790.

Les *Méditations*, qui furent sa première œuvre, parurent en 1820 ; les *Harmonies* en 1829.

Les premières années de sa vie s'écoulèrent à Milly, loin des tumultes de la révolution. Sa mère, qui fut sa première institutrice, lui apprit à lire dans une belle Bible de Royaumont, et lui inspira dès l'âge le plus tendre le respect de la famille royale légitime. Il quitta le manoir paternel pour aller faire ses études au collége des Pères de la Foi à Belley; puis, ses études étant terminées, sa famille l'envoya parcourir l'Italie où il s'éprit de la fille d'un pêcheur de Sorrente.

A son retour en France, quoiqu'il eût déjà fourni trois remplaçants à l'armée de l'Empire, on le désigna pour faire partie des gardes d'honnenr.

« C'étaient deux régiments de cavalerie formés, sous la désignation des préfets, de jeunes gens de familles riches qui se montaient et s'équipaient eux-mêmes, et qui, après une ou deux campagnes, devaient passer officiers. ».

Le préfet de Mâcon, voulant par égard pour son père,

soustraire au cadre des gardes d'honneur, sollicita une exception d'âge à la loi qui voulait qu'on ne pût être maire d'une commune rurale avant la majorité. L'Empereur ayant agréé cette requête, le jeune Lamartine devint donc maire de Milly.

« Ce fut, dit-il, ma première fonction publique. Je m'en acquittai facilement et à la satisfaction unanime de ce petit village. Cela me donna un premier sentiment d'administration populaire. J'y fis de la charité légale, et quelques dépenses somptuaires, au moyen de centimes additionnels et de cotisations volontaires montant à quelques centaines de francs. J'y couvris un puits d'une pierre non taillée, pour que l'eau, rare dans le rocher, n'y fût pas souillée dans les temps pluvieux. Ce fut mon seul monument d'édilité sur la terre. Une roue en bois, et une corde pour tirer le seau public avec moins de peine et de danger pour les jeunes filles de la fontaine achevèrent mon ouvrage. Milly maintenant n'est plus à moi, mais quand je repasse tristement à cheval par les sentiers pierreux de la commune, sans oser rentrer dans la cour et dans le jardin de mon père, je ne puis voir ma pierre, ma corde et ma roue sans arrêter mon cheval et sans dire : « C'est toi pourtant qui as conçu et exécuté ce monument ; les jeunes bergers et les chèvres t'en sauront gré, pendant que la pierre, le bois et la corde dureront sur la margelle. Tu n'as plus de toit dans le village, mais tes œuvres feront bénir ton nom par quelques générations. »

Après la capitulation de Paris et les adieux de Fontainebleau, Lamartine entra dans les gardes-du-corps. Puis vinrent le retour de l'île d'Elbe et les Cent-Jours. Au moment où il apprit l'entrée de Napoléon à Grenoble et à Lyon, il était en semestre à Mâcon. Il décida de se rendre à Paris par le chemin le plus court.

Étant arrivé à Cosne, il se trouva à l'auberge en même temps qu'un officier polonais, parti en vedette pour corrompre les officiers royalistes rentrant à Paris.

La conversation s'engage, et le Polonais de déclarer que la cause des Bourbons était absolument perdue, et que toute l'armée était décidée à se rallier à l'Empereur.

Fidèle à son roi, Lamartine proteste contre cette assertion.

Le Polonais insiste...

Bref, on se battit dans un petit jardin attenant à l'auberge et Lamartine blessa son adversaire d'un coup de sabre sur les doigts.

Peu de jours après le roi était à Gand. Le jeune garde-du-corps l'accompagna jusqu'à Béthune seulement, estimant qu'il n'y a « plus de devoir hors de la patrie contre la patrie. »

Avec le retour de Napoléon la guerre recommença, et de nouveaux recrutements s'organisèrent. Lamartine passa en Suisse afin de s'y soustraire. C'est de là qu'il écrivit ses premières lignes politiques. Ce premier écrit, que nous avons déjà indiqué, était une lettre républicaine adressée au ministre de l'intérieur Carnot.

Il lui reprochait avec véhémence d'avoir accepté un titre de comte accordé par l'usurpateur, et de s'être, lui, le républicain de la veille, mis au service de l'auteur du 18 Brumaire.

Après Waterloo, alors que le parti royaliste, dans l'ivresse de la victoire, organisait les supplices et les vengeances, Lamartine désavoua hautement les meurtres de Labedoyère et du maréchal Ney, et, son service étant fini, donna sa démission de garde-du-corps pour aller s'enfermer de nouveau dans sa solitude de Milly, d'où il ne tarda pas à sortir avec un volume de vers.

Il lui fallut près de quatre ans pour trouver un éditeur à ce volume.

Nous avons déjà dit l'immense succès qui l'accueillit.

Dans l'intervalle se place l'un des événements les plus mémorables de sa vie : sa passion pour Elvire. (Voir les *Confidences* et surtout l'épisode intitulé *Raphaël.*)

Le succès des *Méditations* lui ouvrit la carrière diplomatique. En ce temps-là on ne paraissait pas encore absolument persuadé qu'un poëte n'est bon qu'à faire se becqueter deux rimes au bout d'une idée. Lamartine fut attaché à l'ambassade de Naples, puis un peu plus tard nommé chargé d'affaires à la légation de Florence. Il épousait en même temps une jeune Anglaise riche et de grande naissance, qui s'était éprise de lui à la lecture de ses vers.

A Florence une aventure qui eut un grand retentissement faillit lui coûter la vie.

Lord Byron venait de mourir. Lamartine, reprenant en sous-œuvre un poëme inachevé de ce grand lyrique, écrivit le *Dernier chant de Child-Harold.* Lord Byron lui-même y était mis en scène au moment où, disant adieu à l'Italie, il s'acheminait vers les champs aujourd'hui fameux de Missolonghi.

« Italie! Italie! adieu, bords que j'aimais!
Mes yeux désenchantés te perdent pour jamais!
O terre du passé, que faire en tes collines,
Quand on a mesuré tes arcs et tes ruines,
Et fouillé quelques noms dans l'urne de la mort?
On se retourne en vain vers les vivants : tout dort,
Tout, jusqu'aux souvenirs de ton antique histoire,
Qui te feraient rougir, du moins devant ta gloire!

. . . .

Monument écroulé, que l'écho seul habite ;
Poussière du passé, qu'un vent stérile agite ;
Terre où les fils n'ont plus le sang de leurs aïeux,
Où sur un sol vieilli les hommes naissent vieux,
Où le fer avili ne frappe que dans l'ombre,
Où sur les fronts voilés plane un nuage sombre,
Où l'amour n'est qu'un piége et la pudeur un fard,
Où la ruse a faussé le rayon du regard,
Où les mots énervés ne sont qu'un bruit sonore,
Un nuage éclaté qui retentit encore :
Adieu ! Pleure ta chute en vantant tes héros !
Sur des bords où la gloire a ranimé leurs os,
Je vais chercher ailleurs (pardonne, ombre romaine !)
Des hommes, et non pas de la poussière humaine... »

Ce langage, il faut le reconnaître, était bien sévère pour l'Italie, et d'autant plus malencontreux que son auteur venait d'arriver à Florence, en qualité de représentant de la France, et qu'il y avait été accueilli avec la juste distinction qu'inspirait son nom déjà célèbre.

La capitale de la Toscane était à cette époque le refuge des patriotes napolitains et piémontais, exilés au lendemain des révolutions avortées de 1820.

Ces patriotes s'indignèrent d'un tel outrage adressé à l'Italie tout entière, et l'un d'eux, le colonel Pepe, crut devoir publier contre le chargé d'affaires de Louis XVIII une brochure véhémente qui pouvait équivaloir à un cartel.

Notre diplomate écrivit d'abord une brève réponse à ce factum, puis il se rendit chez son antagoniste et lui offrit une réparation par les armes. On prit, en effet, rendez-vous pour le lendemain, et Lamartine reçut une profonde blessure qui traversa l'avant bras entre l'épaule et le coude.

En 1830, M. Daru étant mort, MM. Lainé et Royer-

Colard invitent l'auteur de *Child-Harold* à poser sa candidature à l'Académie, et à faire les visites préalables. Or Lamartine, à la prière de ces mêmes amis, s'était naguère soumis à ces formalités réglementaires; son nom présenté au suffrage des immortels avait échoué devant celui d'un écrivain estimable, mais parfaitement inconnu aujourd'hui. Gardant sans doute quelque rancune aux Quarante, il répondit à MM. Lainé et Royer-Colard qu'il avait suffisamment prouvé son désir de faire partie de l'Académie; mais qu'il renoncerait à cet honneur plutôt que de recommencer ses visites.

La décision de l'Académie, en cette circonstance, mérite d'être conservée pour son honneur et pour celui du poëte. Elle consentit à faire fléchir, pour cette fois, le règlement, — dispensa le candidat de toute espèce de visites, — et tandis qu'il se livrait aux douceurs de la villégiature dans les environs de Dijon, l'élut au fauteuil laissé vacant.

Presque en même temps, le prince Polignac le nommait ministre plénipotentiaire près du roi des Grecs.

Mais il ne se rendit jamais à son poste.

En effet, les journées de juillet survinrent; le ministre Polignac disparut avec Charles X, et, jugeant de sa dignité et de son honneur de rompre avec la nouvelle royauté, Lamartine envoya sa démission. Elle fut acceptée à regret, et Louis-Philippe lui fit dire qu'il espérait qu'elle ne serait pas définitive.

Il est impossible de ne pas remarquer ici qu'une conscience moins ferme et moins loyale que la sienne eût facilement cédé aux avances qui lui étaient faites. Le prétexte, pour se rallier aux d'Orléans, était tout trouvé, puisque la grand'mère de M. de Lamartine (madame des Roys) avait servi cette famille.

Une fois ce témoignage de respect donné à la dynastie

légitime, Lamartine posa, comme on sait, sa candidature à la députation dans le Nord et dans le Var. Il échoua des deux côtés. Ce fut alors que parut contre lui la fameuse satire de Barthélemy et Méry :

Va présenter sans peur le nom de Lamartine
Aux électeurs de Jéricho.

La réponse fut superbe d'éloquence, de force et de sérénité :

Fais-nous ton Dieu plus beau si tu veux qu'on l'adore ;
Ouvre un plus large seuil à ses cultes divers !
Repousse du parvis, que leur pied déshonore.
La vengeance et l'injure aux portes des enfers !
Écarte ces faux dieux de l'autel populaire,
Pour que le suppliant n'y soit pas insulté !
Sois la lyre vivante et non pas le Cerbère
Du temple de la Liberté !

Un jour de nobles pleurs laveront ce délire ;
Et ta main, étouffant le son qu'elle a tiré,
Plus juste arrachera des cordes de ta lyre
La corde injurieuse où la haine a vibré !
Mais moi j'aurai vidé la coupe d'amertume
Sans que ma lèvre même en garde un souvenir ;
Car mon âme est un feu qui brûle et qui parfume
Ce qu'on jette pour la ternir.

Obligé de renoncer à la vie publique pendant deux ans, Lamartine se décida à accomplir son voyage en Orient. Ce berceau du genre humain qui a exercé une si puissante attraction sur tant de grands esprits de ce siècle, Byron et Chateaubriand, entre autres, ce pays l'attirait invinciblement. Il fréta un navire et s'embarqua à Marseille, le 20 mai 1832, avec sa femme et sa fille Julia. Il avait, dit-on, seize hommes d'équipage, quatre canons, une copieuse bibliothèque, etc., etc.

On a prétendu que ce voyage de deux ans, exécuté avec une prodigalité inouïe, avait été l'origine de sa ruine.

Ce reproche est devenu en effet le grand cheval de bataille des adversaires de cet homme illustre.

Quant à lui, c'est un de ceux auxquels il paraît être le plus sensible, — et il le repousse comme n'étant nullement fondé.

Nous ne saurions mieux faire que de lui laisser encore une fois la parole. Le lecteur jugera par lui-même :

« Mon grand voyage en Orient, exécuté en effet avec l'apparente somptuosité d'une fortune sans limite, ne me coûta rien en réalité. Voici comment :

J'avais alors environ quatre-vingt mille livres de rente, les deux années de mon revenu formaient cent soixante mille francs. Je vendis à mon retour quatre-vingt mille francs à mon éditeur, M. Gosselin, les quatre volumes de mes notes de voyage. Je rapportai de plus, en armes précieuses, tapis de luxe, chevaux arabes, étoffes d'Orient, etc., pour environ quarante mille francs de valeurs. Total de nos recettes de deux ans : environ deux cent quatre-vingt mille francs. Or la totalité de ma dépense pendant ces deux ans, y compris le salaire des deux navires qui m'attendaient dans les rades, chevaux, escortes, guides, etc., ne dépassa pas cent vingt mille francs. Il en résulte que ce voyage, au lieu de m'avoir ruiné, m'a laissé au contraire un bénéfice réel d'environ cent soixante mille francs. Voilà la vérité.

L'Orient n'était point alors ce qu'il est aujourd'hui que l'invention de la navigation à vapeur l'a ouvert à l'Europe entière. Avec vingt-cinq mille francs de présents, le voyageur y représentait cent mille francs de salaires. »

Ce trop fameux voyage touchait à son terme lorsque sa fille unique mourut. Il fit religieusement embaumer son corps, et tandis que son navire ramenait au caveau de famille de Saint-Point les chères dépouilles, il s'achemina tristement vers la France par la Turquie d'Europe, la Servie, la Hongrie, l'Autriche, la Bavière et les bords du Rhin.

Ce fut pendant qu'il se livrait à ces apprêts funèbres que lui arriva à Beyrouth la nouvelle de sa nomination de député du Nord par les électeurs de Dunkerque, de Bergues, de Gravelines et de Hondschoote, qui, ravisés, venaient par leurs votes lui faire oublier l'échec éprouvé deux ans auparavant.

A partir de ce jour la politique absorbe la vie de Lamartine qui prête dès lors moins à l'anecdote qu'à l'histoire.

Glanons pourtant çà et là quelques traits de caractère.

En 1841, après la séance orageuse où la Chambre avait, sur les indications de Lamartine, consommé la Révolution en désignant les membres du gouvernement provisoire, une colonne d'honnêtes gens se groupe autour de celui qui seul pouvait calmer les passions et sauver le peuple de ses propres fureurs et l'on se dirige vers l'Hôtel-de-Ville. La route n'était pas sans offrir quelques dangers, on devait passer devant la caserne du quai d'Orsay où se trouvait alors un régiment de dragons qui pouvait prendre parti pour le pouvoir déchu et grossir, en se précipitant sur cette multitude, le nombre déjà trop grand des victimes de ces fatales journées. Lamartine comprit cette situation et il eut l'une de ces inspirations qui sont le génie des politiques. Accablé par la fièvre de la journée et par les fatigues de la parole, il feignit une altération qui l'empêchait de continuer sa route, et, s'arrêtant devant les grilles de la caserne, il demande aux soldats un verre de vin pour boire à l'armée et à la nation.

Cette familiarité séduit les dragons qui, apprenant par les acclamations du peuple le nom de l'illustre suppliant, lui apportent un verre, une bouteille, boivent avec lui à la France, à sa grandeur, à sa gloire, et grossissent le cortége qui conduit le poëte aux lieux qui furent témoins de ses plus éclatants succès.

Voici maintenant nombre d'années que la carrière politique de celui qui fut un instant la conscience et la voix de tout un peuple est terminée, et que cet homme, fatigué du spectacle des défaillances contemporaines, ne demande plus que l'oubli et le silence.

Ses cheveux ont blanchi, son front s'est dénudé, et le repos lui serait doux.

Mais, harcelé par le spectre de la Dette, il n'y a pour lui ni repos, ni oubli, ni silence possible. — Travaille! lui crie le démon à toute heure; ton talent ne t'appartient pas; car il est le seul gage de tes créanciers et nul n'a le droit de disposer du bien d'autrui.

Ainsi Walter Scott employa les dernières années de sa vie à réparer par un labeur forcené les brêches de sa fortune.

Voyez pourtant le défaut de logique des ennemis de M. de Lamartine. D'après eux, il n'aurait pas dû publier son *Cours de littérature* et faire appel au Pays pour arriver à s'acquitter envers ceux qui lui ont jadis offert leurs économies.

Je réponds que s'il eût fait autrement, il aurait trahi ses devoirs les plus sacrés.

D'autres que lui, je le sais, eussent plus commodément résolu le problème. Ils se fussent vendus au Pouvoir, ou bien se fussent lancés dans des spéculations honteuses.

Il a préféré demeurer fidèle aux convictions de toute sa vie et ne pas traîner son nom dans l'agiotage. Il est beau d'acquérir ainsi la désapprobation ou l'insulte.

A côté de ces gens-là, il s'en trouve d'autres qui prétendent avec une assurance à la fois fort comique et fort triste que Lamartine n'est nullement à plaindre et que sa misère équivaut au moins à l'opulence. L'un d'eux affirmait naguère dans un journal très-répandu qu'il se livrait tout le long de l'année à des dépenses de table considérables et qu'il « mangeait des asperges au mois de décembre. »

Voilà où peut conduire l'envie de passer pour le plus spirituel des chroniqueurs.

Il serait puéril d'essayer de réfuter de pareilles assertions.

Non, en vérité, Lamartine n'a jamais marché sur les brisées de Lucullus ou de Brillat-Savarin. Par exemple, il résiste difficilement au plaisir de faire un acte de charité, et ce fut de tout temps son faible de soulager les infortunes d'autrui.

Tel homme de lettres allait le trouver, et se plaignait à lui de quelque besoin d'argent ; rarement Lamartine avait la sagesse de modérer sa bienfaisance ; il donnait, donnait sans compter.

On connaît l'histoire de Lassailly, l'excentrique auteur des *Roueries de Trialph.*

— Ah ! disait-il devant notre poëte, si j'étais seulement riche pendant une journée !

— Combien vous faut-il pour cela ?

—Oh ! il me faudrait beaucoup d'argent : il me faudrait cinq louis, tout bien compté.

Celui-là obtint mille francs.

Autre histoire :

Un ami de Lamartine, M. Dargaud, lui fait un jour observer qu'il devrait limiter ses largesses, et voir de mieux administrer ses finances.

— Il me semble, mon cher Dargaud, que je suis d'une modération convenable et que je ne saurais mieux faire.

— Eh bien ! alors, donnez-moi la clef de votre secrétaire et instituez-moi votre trésorier. Vous verrez.

— Bon, je vous prends au mot... j'accepte.

On établit d'un commun accord un budget journalier dans lequel tout était prévu : tant pour les dépenses de ménage, tant pour l'écurie, etc., et le lendemain M. Dargaud est investi de ses nouvelles fonctions.

Donc, M. Dargaud, ayant ce jour-là fait les répartitions nécessaires, pense pouvoir sortir pour quelque course en ville.

A peine est-il dehors, qu'une dame quêteuse de la Madeleine frappe à la porte de la rue de la Ville-l'Evêque.

C'est madame de Lamartine qui la reçoit.

Il s'agissait d'une bonne œuvre, — de soulagements à donner aux pauvres de la paroisse, — et elle venait s'adresser à sa charité bien connue.

Madame de Lamartine commence par faire le vide dans ses poches, puis, jugeant que la somme recueillie de la sorte n'était pas assez considérable, elle n'hésite pas, court au secrétaire fermé à clef par M. Dargaud, fait briser la serrure, et accomplit une razzia complète.

La dame de charité emporta huit cents francs.

Elle fut bien heureuse et les pauvres aussi ; mais l'on devine ce que fit M. Dargaud : il donna sa démission et il n'eut pas tort.

Mais quoi! ces détails sont de trop et peut-être se trouvera-t-il quelque gazetier pour conclure de tout ceci que si M. de Lamartine est dans la gêne, il l'a bien mérité.

Bah! laissons-le dire.

CONCLUSION

Nous nous arrêtons après ces appréciations impartiales formulées sur la vie de l'homme qui nous occupe, et au moment de dire quel est le but de notre œuvre, de dévoiler le sentiment qui a fait monter à nos lèvres le cri de notre conscience et de notre raison, nous voudrions nous recueillir et conclure.

L'homme qui illustra notre pays par sa triple renommée de poëte, d'historien et de politique, l'homme qui au milieu des luttes les plus terribles, des dévergondages les plus poignants, des abaissements les plus serviles, a gardé comme les plus précieux trésors, le calme de son courage, la dignité de sa conscience, l'indépendance de ses sympathies, l'homme enfin qui offrit sa poitrine même aux coups dirigés contre le cœur de sa patrie, en est réduit, dans une circonstance solennelle et peut-être unique dans l'histoire, à laisser discuter au grand jour sa vie publique et sa vie privée, ses actes et jusqu'à ses pensées secrètes, pour qu'on puisse savoir s'il est digne d'une récompense.

Il le fait avec calme, avec résignation, presque avec une indifférence railleuse qui toucherait au dédain si le dédain était une faculté des grandes âmes.

Or, il se trouve des gens, qui reconnaissant que cet homme fut un grand poëte, un historien immortel et national, un politique irréprochable, un homme de mœurs rigides, presque austères, en un mot un père, un citoyen, un sauveur, trouvent la récompense proposée trop lourde pour leur admiration, marchandent une bonne action comme on marchande une affaire et injurient celui qui attend la décision de la France avec cette confiance mélangée de hauteur et de résignation.

Eh bien! nous le disons hautement, ces retours d'un égoïsme implacable, ces misères du personnalisme social, ces faiblesses dans la reconnaissance et dans la vertu de charité, sont indignes d'un grand peuple et ne peuvent être que les résultats de sentiments mauvais ou les manifestations occultes de ces rancunes tenaces qui n'abandonnent jamais le cœur des vaincus.

Il est beau d'élever des statues aux grands hommes après leur mort, il est plus beau de les secourir avec dignité lorsqu'ils sont dignes d'une grande infortune.

Et certes la situation de M. de Lamartine n'est nullement une situation d'intérêt privé. Sa gloire est un patrimoine, un patrimoine personnel et un patrimoine national, et s'il invoque la justice, s'il accepte un secours offert par des mains qui représentent le pays, par des cœurs qui en sont la conscience, ce n'est pas pour lui. — Vit-il si largement et ne vit-il pas de son travail? — C'est pour ses pauvres, pour ses paysans qui lui avaient fait crédit sur ses biens, sur son temps, sur son travail, et qui ne lui ont pas retiré leur confiance lorsqu'il a donné ces biens, ce temps, ce travail à la France, à l'Europe entière.

Nous le disons donc hautement, rien n'est plus cruel et plus triste que cette inconstance de la popularité, que cet affaissement des sentiments les plus nobles devant un sacrifice d'argent, que ces injustes retours des choses humaines qui frappent un vieillard courbé sous la triple couronne du génie, de la vertu et du malheur : et nous voudrions préserver notre conscience nationale d'une erreur qui nous vaudrait certainement des reproches et peut-être aussi des châtiments.

Le but de notre œuvre est donc d'arrêter, s'il en est temps encore, l'opinion publique sur une pente fatale.

Nous avons voulu montrer que, soit dans l'ordre littéraire, soit dans l'ordre politique, la France n'a eu aucune gloire plus pure que celle de M. de Lamartine, retracer les traits principaux de cette magnifique existence, merveilleuse odyssée dont le dénouement est triste et fatal, et susciter les âmes vers une action généreuse.

Nous avons voulu forcer les réflexions des membres de la Chambre qui vont être appelés à prendre une décision fort grave.

Nous avons voulu réveiller des souvenirs et des sympathies, sinon des enthousiasmes, réagir en un mot contre une indifférence coupable sinon calculée.

Et nous espérons que si nos forces ont trahi notre courage ou du moins nos convictions, la pensée et le vote des représentants du pays ne trahiront pas le cœur de la nation.

Les peuples du reste ont des expiations pour toutes les fautes et dans certaines circonstances, l'indifférence est presque un crime.

L'histoire a toujours des flétrissures indélébiles pour les duretés du cœur, comme elle a souvent des indulgences extrêmes pour ses faiblesses.

C'est maintenant à ceux de qui dépend cette question à se recueillir et à décider si la postérité aura à ajouter une ligne honorable à notre histoire ou à en déchirer avec dégoût une page néfaste.

Ils doivent considérer que les courants qui emportent l'opinion peuvent être inspirés par les plus nobles mobiles et dirigés par les plus vils, et ils ne doivent d'ailleurs se préoccuper en rien des manifestations isolées que les passions hostiles, la sottise, la rage de contradiction ou l'esprit de dénigrement arrachent à quelques organes de la presse.

Nous allons plus loin.

Ils sont juges, juges souverains, *juges responsables*, et suivant l'opinion d'un jurisconsulte illustre, *le juge qui se préoccupe de l'opinion publique est un juge prévaricateur.*

Qu'on ne s'y trompe pas, d'ailleurs, l'attitude de M. de Lamartine est en ceci ce qu'elle doit être.

On lui propose une récompense nationale comme un tribut de reconnaissance et de respect : il l'accepte, il l'attend. Cette obole lui donnera quelque repos, et, chose plus précieuse encore, lui rendra l'espérance, ce doux mal selon l'expression mélancolique d'Ovide. *Spes dulce malum.*

Son vieux cœur, qui n'a jamais cessé de battre pour ce noble, ce beau, ce vaillant pays de France, que la magie de son imagination, les ressources de son intelligence et la beauté de son langage ont paré d'une nouvelle auréole de gloire, connaîtra de nouveau la joie, lorsqu'on pourra voir que les petits-fils de ceux qui pleurèrent en lisant les vers du poëte, les fils de ceux que sauva le tribun, ceux même que l'historien instruisit par ces œuvres, ne forment pas un peuple de décadence qui n'a pas le courage de faire grandement une grande action et suppute le prix que pourra lui coûter la satisfaction d'un instinct et d'un sentiment généreux.

Il ne peut pas élever la voix devant ses juges ; mais, après avoir été jugé, ce vieillard élèvera son front et sera juge à son tour.

Que doit-on faire?

Nous ne devons pas intervenir dons la discussion : mais, si nous avions l'honneur d'être entendu dans l'enceinte où va se débattre cette question essentiellement nationale, nous soutiendrions hardiment ces conclusions et nous dirions à ceux qui représentent la France et la guident vers sa destinée :

« Il ne faut pas que ce poëte meure en lançant à son pays, devenu pour lui une terre marâtre, un reproche d'ingratitude ou une farouche imprécation.

« Adoucissons les années de sa vieillesse, c'est un devoir et une justice.

« Rendons la liberté à cette âme enchaînée à la glèbe par les liens les plus forts, les liens de l'honneur : qu'elle s'élève de nouveau libre, calme, guérie de ses blessures et que M. de Lamartine, capable encore de concevoir un immortel chef-d'œuvre, réalise un rêve de sa jeunesse et nous donne pour couronnement de ses œuvres ce pendant à l'ouvrage de Cicéron, — *de naturâ Deorum,* — dont il parle dans ses *Confidences,* c'est-à-dire le dernier livre, le seul qu'il puisse et doive désormais écrire, le livre de la connaissance, du savoir et de l'avenir. »

Nous n'en doutons pas, du reste, quoique ces paroles ne retentissent pas sous les voûtes du Palais-Bourbon, elles trouveront un écho dans des cœurs épris de vérité, de gloire et de grandeur française, et les députés se rappelleront, en écrivant leur vote, cette parole de La Bruyère :

« Il n'y a pour l'homme qu'un vrai malheur, c'est de se trouver en faute et d'avoir quelque chose à se reprocher. »

Pendant que ces pages étaient sous presse, le Corps législatif a adopté le projet de loi, en accordant à M. de Lamartine une somme de 500,000 francs, exigible à son décès, et dont les intérêts à 5 p. 100 lui seront servis pendant sa vie.

147 voix contre 24 se sont prononcées pour l'adoption de ce projet de loi.

74 députés n'ont pas pris part au vote.

Nous nous abstenons de commenter ces chiffres. Nos lecteurs, en consultant le *Moniteur* du 16 avril 1867, pourront connaître les noms des députés qui ont repoussé le projet, ou qui n'ont pas pris part au vote, et apprécier la portée de la décision.

www.ingramcontent.com/pod-product-compliance
Lightning Source LLC
LaVergne TN
LVHW010034230826
846091LV00005B/1700